Armée coloniale
Armée de métier
Milices nationales

DU MÊME AUTEUR

Calmann-Lévy, Éditeur

Au Soudan français. — Souvenirs de guerre et de mission. In-8, 1889. Couronné par l'Académie française.

Au Niger — Récits de campagne. In-8, 1895. Couronné par l'Académie des sciences morales et politiques.

Par vocation. — In-12, 1905.

Hors des chemins battus. — In-12, 1908.

Dernières randonnées (en préparation). — In-12.

Chapelot, Éditeur

(Ancienne Maison Baudoin)

La tactique dans le Soudan. — In-8, 1890. Médaille d'or de la Commission académique de la Marine.

La marine italienne. — In-8, 1891.

France et Japon en Indo-Chine. — In-12, 1906.

Divers

Le Soudan et son avenir commercial. — In-4, 1889.

Encore l'armée coloniale. — In-8, 1899. Brochure.

Djibouti et le chemin de fer éthiopien. — In-8, 1907. Brochure.

Le malentendu franco-allemand. — In-8, 1908. Brochure.

Lieutenant-colonel PÉROZ

Armée coloniale
Armée de métier
Milices nationales

PARIS

BIBLIOTHÈQUE DES CONGRÈS COLONIAUX FRANÇAIS

18, RUE LE PELETIER (IXᵉ)

—

1909

Armée coloniale
Armée de métier
Milices nationales

Après la guerre de sept ans, et les péripéties douloureuses pour nos armées qui la signalèrent, la mode fut en France aux choses militaires de Prusse : dressage à la prussienne, manœuvres à la prussienne ; toute sagesse, toute doctrine et tout progrès militaire se trouvaient là, et là seulement.

C'est en vain que quelques esprits d'élite protestèrent contre cet engouement ; ils prétendirent inutilement que des principes et des règles exactement adaptés au génie d'une nation peuvent être pernicieux appliqués à des peuples de tempérament différent.

A cela on répondait victorieusement :

« C'est avec ces armes que Frédéric nous a battus. « Employons-les à notre tour, et nous le battrons. »

Ce fut ainsi que, jusqu'à la Révolution, le « drill » prussien régna en maître sur nos armées. Valmy et les victoires de la République prouvèrent son infériorité contre la souplesse des formations en ordre dispersé.

La glorieuse période napoléonienne consacra le génie guerrier français. Les générations qui suivirent eussent cherché dans cette épopée les principes de la guerre et de sa préparation, si les gouvernements n'eussent à dessein jeté sur elle une obscurité profonde où les enseignements pour l'avenir ne se pouvaient plus trouver qu'au hasard, à tâtons.

Alors vint Sadowa, puis la guerre de 1870. L'orgueil des deux peuples vaincus ne vit dans la défaite que les effets du nombre : seule, la supériorité numérique des Allemands leur avait donné la victoire sur les braves troupes autrichiennes et françaises. Or le nombre, c'est-à-dire les effectifs totaux des armées d'une nation n'a pas en lui-même de valeur particulière. Il n'en acquiert que si, par d'habiles manœuvres de concentration, le général en chef a su mettre en ligne, sur le champ de bataille, plus de fusils, de canons et de sabres que son adversaire. Encore faudra-t-il que fusils et canons produisent, tant par leurs qualités balistiques que par les qualités militaires de ceux qui les emploient, un effet utile suffisant.

Il n'est pas niable que la guerre de 1870 aurait eu une toute autre issue, si nos 250.000 hommes immédiatement disponibles avaient été concentrés sur deux ou trois points de la frontière pendant la période de tension politique, et jetés en liaison étroite, dès la déclaration de guerre, dans le Palatinat et sur la rive droite du Rhin. Une partie de la mobilisation de l'armée allemande et sa concentration eussent été arrêtées court, son plan de campagne bouleversé ; la victoire pour les armes françaises était certaine, tout au moins dans le cours de la première partie des opérations, qui, sans doute, eussent été décisives. Pendant le temps que celles-ci se fussent déroulées, la réserve de l'armée active, puis la garde mobile se seraient concentrées sur la frontière. Par leur masse, elles rendaient celle-ci intangible, au cas peu probable où l'armée de manœuvre eût éprouvé quelque grave échec.

Le nombre doit donc être considéré dans ses effets locaux et non dans son état absolu.

Rien ne sert d'avoir une armée très fort, éparpillée sur tout le territoire national ou d'outre-mer et qui n'arrive pas, par suite d'un mobilisation trop longue et d'une concentration difficile, à présenter sur le théâtre des opérations du début les effectifs suffisants. C'est en raison de cet axiome qu'existent nos corps de couverture de la frontière de l'Est. Mais, par suite de leur recrutement, des lois qui régissent celui-ci, de celles qui organisent l'armée actuelle, ces corps forment une couverture exclusivement défensive. Nous nous résignons à voir l'Allemand, dès le premier jour, porter la guerre sur notre sol, à travers nos campagnes, comme si déjà nous avions été battus.

On ne défend pas une frontière en arrière. C'est en avant, chez l'ennemi, qu'on la défend. C'est ainsi que les Allemands le comprennent. Ils ont pris nos anciennes méthodes d'offensive ; elles leur vaudront, dès l'ouverture des hostilités, si nous continuons à nous tenir derrière nos camps retranchés de Lorraine, de solides points d'appui matériels et moraux, gages presque certains des premières victoires.

Non seulement notre couverture de la frontière de l'Est est organisée sur la base détestable du principe morbide de la défensive, mais encore elle est notoirement trop faible. Il lui manque actuellement plus de vingt mille hommes, la valeur d'un corps d'armée, pour égaler en nombre les troupes qui lui sont opposées ; et l'on annonce la formation d'un nouveau corps d'armée allemand qui portera à cinquante mille hommes la différence en faveur de notre adversaire. La cause de cette pauvreté est connue : elle est tout entière dans la loi de 1905, qui décrète pendant deux années entières le service militaire obligatoire pour tous les Français. Les deux classes de recrutement qui se trouvent ensemble sous les drapeaux nous donnent à grand'peine, pour chaque unité, des effectifs permettant de faire illusion sur le papier. Dans la réalité, il n'est pas une compagnie d'infanterie française qui puisse mettre cent fusils en ligne ; et encore, pendant un tiers de l'année, la moitié de

ces cent fusils est inutilisable, faute de l'instruction nécessaire. C'est donc à ces compagnies squelettes qu'on a
enlevé le muscle nécessaire au maintien en bonnes formes
de nos bataillons frontières. On les a raclées jusqu'à l'os,
et cependant, notre couverture est toujours insuffisante.

Comment pourrait-il en être autrement, avec ce mode
de recrutement copié servilement sur celui des Allemands ?

En cette année 1908, la France compte à peine quarante millions d'habitants, l'Allemagne soixante-deux
millions, plus du tiers en plus.

En présence d'une semblable disproportion de forces,
il est extrordinaire que nous veuillions conserver une organisation militaire qui, en face d'un ennemi d'égale valeur
personnelle, ne se comprend qu'avec une équivalence à
peu près complète d'effectifs et de moyens. Resterons-nous
éternellement, en ces questions primordiales dont dépend
la sûreté, l'existence même de notre pays, aveuglés par
l'éblouissement de la pseudo-supériorité prussienne de
nombre en 1870 ? Mais cette supériorité n'a pas été dans
le nombre ; elle a été dans notre maladresse à utiliser dès
le début les éléments de premier ordre dont nous dispo-
sions. Il faut qu'enfin le raisonnement prenne le pas sur
la routine et sur l'orgueil.

Encore, si la copie de l'organisation allemande nous avait
procuré quelque avantage matériel ou moral ! Au point de
vue technique, elle nous a conduit à la situation militaire
humiliée qui est actuellement la nôtre. Au point de vue
social, c'est à peine si j'ose énoncer ses méfaits ! Cinq ans,
trois ans, deux ans de caserne pour tous les Français,
Les générations qui nous succéderont auront peine à
se figurer que leurs aïeux aient consenti un si énorme sacrifice sans avoir l'assurance qu'il correspondait à un bien
équivalent ou supérieur pour la patrie. Or, il faut enfin
le dire, notre déchéance sociale a pris en partie naissance
à la caserne. Pendant trente-cinq ans le pays a perdu
chaque année le fruit du travail du cerveau ou des bras
de centaines de mille de ses enfants ; lorsque ce cerveau et

ces bras sont revenus à l'étude. à l'atelier ou aux champs, ils étaient amollis, affadis ou avariés. Les longs labeurs soutenus qui font aimer le travail, l'énergie que développe la lutte pour la vie et qui trempe les âmes et les rend ambitieuses, par suite, actives et audacieuses, tout ceci n'est pas le fait de la caserne où le pain quotidien est assuré en échange d'un effort physique et moral dérisoire. La création de la famille est retardée; en revanche, la recherche des plaisirs physiques malpropres y est exacerbée. La nourriture y est insuffisante, parfois dangereuse, l'hygiène exécrable, la promiscuité effrayante.

Ne serait-ce pas pour avoir passé par la caserne que tant de Français aspirent aux temps heureux où, tous, devenus en quelque sorte employés de l'Etat, ils vivoteront misérablement mais tranquillement, sans inquiétude du lendemain, assurés d'une retraite. pour leurs vieux jours. Nos efforts deviennent rares et vacillants ; les volontés s'affaiblissent. La santé générale décline par les effets de l'alcoolisme et du vice. Par égoïsme et par lâcheté, la population diminue et, ce qu'il en reste va droit au rachitisme physique et moral.

Et c'est pour arriver à un tel résultat que nous avons dépensé sans compter les milliards, et que nous avons fait fi de la poussée économique annuelle que nous eût valu le labeur des centaines de mille de citoyens que nous eussions pu laisser à leurs études, à leurs professions ou à leurs métiers !

Dans leurs polémiques, les partis politiques tirent parfois argument de ces constatations pour jeter l'anathème sur leurs adversaires. Or il n'y a point eu de visée politique dans le règlement de cette question primordiale. Tous les partis, de 1872 jusqu'en 1905, ont voulu, ont réclamé, ont exigé le service obligatoire pour tous; seuls, les tempéraments à apporter à son application variaient; le principe était irrévocablement admis. Et cependant, les politiques et les gouvernants violentaient l'instinct national par l'application de ce principe. Autrefois, depuis que la France existe, avant même Bouvines, était soldat et servait le prince qui voulait; mais, lorsque la patrie était menacée nos pères, nos aïeux prenaient tous les armes, et tous ils allaient, sans hésitations et sans crainte, aux dangers et à la mort. Aussi bien du temps des Gaulois que de nos jours, nous sommes un peuple guerrier, mais nous ne sommes pas un peuple militaire ; aucune loi, aucune contrainte ne nous rendra tels. L'Allemand, au contraire, naît de tempérament militaire. Personne parmi ceux qui ont voyagé en Allemagne ne me contredira si j'affirme que cet instinct d'exacte discipline, de cohésion, d'obéissance au chef, toutes qualités propres au militaire, s'y rencontre communément aussi bien dans la rue, dans l'atelier, dans le magasin qu'à la caserne.

Alors, pourquoi torturer le Français en le comprimant dans le moule allemand ? On arrivera peut-être à l'y déformer, mais le reformer à l'image de son modèle, jamais !

Le génie français, tout de liberté et d'indépendance individuelles, répugne formellement à la caserne, et bientôt viendra, qu'on n'en doute pas, le service d'un an. D'autre part, notre population stationnaire nous interdit dès maintenant la lutte des effectifs avec l'Allemagne, à coups de soldats de deux ans ou de trois ans. Alors, que faire ? Simplement revenir à la tradition. La France a toujours enfanté des soldats de métier admirables et des milices merveilleuses ; toute notre histoire, même celle de 1870, est là pour l'affirmer. C'est par ces soldats, par ces milices que la patrie a été créée, maintenue, grandie, sauvée.

Ce que ferait notre armée actuelle, modelée à la prussienne ! Qui peut le savoir.

Mais ce qu'on peut voir avec netteté, c'est, dans un avenir très rapproché, cette armée nationale complètement insuffisante à garantir notre intégrité territoriale tout en continuant à rester malfaisante au point de vue social. Ce que nous sentons tous, c'est la répugnance insurmontable qui envahit le jeune Français à l'idée des mois et des années de caserne dont chacun est menacé ;

ce que nous pouvons prédire, par suite, sûrement, c'est, par un coup subit du suffrage universel, la suppression du service à long terme et son remplacement par les périodes d'instruction strictement nécessaires au dressage d'un bon soldat de campagne et à l'instruction des cadres supérieurs.

Ces prolégomènes, peut-être un peu longs, n'étaient point inutiles à exposer avant de développer le grave sujet qui m'occupe. C'est d'eux qu'a découlé l'idée de la création de notre armée coloniale ; c'est d'eux que vient le renouveau de l'idée d'une armée de métier, prête et préparée à toutes les tâches intérieures et extérieures quand la sécurité territoriale de la France n'est pas directement menacée, prête aussi à foncer sur l'ennemi le jour même de la déclaration de la guerre et à jeter chez lui la désorganisation et la panique que causent toujours les premiers coups vigoureusement portés.

Je n'ai point établi d'une façon certaine, par un long et puissant raisonnement et par de nombreux exemples, qu'une armée de métier d'un effectif suffisant, soutenue en arrière par une milice mobile exercée, est supérieure aux armées nationales à la prussienne. Pour ce faire, cette étude eût dévié d'objet et eût été entièrement consacrée à prouver cette proposition.

Afin de rassurer les esprits qu'obsède la loi du nombre, qu'il me suffise de rappeler que le général von der Goltz, un des plus grands écrivains militaires du siècle, a toujours prophétisé la victoire aux armées de soldats de métier d'effectifs relativement faibles, mais concentrées, ramassées, toujours prêtes, et facilement maniables dans tous les cas. Qu'on me permette aussi d'affirmer — ce que tous les gens de guerre que n'aveuglent pas les doctrines préconçues admettent sans peine — qu'en 1870, si le plan du maréchal Niel, — une armée de métier facile à concentrer sur une zone quelconque de la frontière, et une garde mobile se massant derrière elle en seconde ligne, — avait été appliqué et se fut trouvé en plein rendement au moment de la déclaration de guerre, la victoire nous eût été assurée.

L'action de la loi de 1872 qui maintenait sous les drapeaux tous les Français pendant un an ou cinq ans a duré seize ans, seize ans également celle de la loi de 1889 sur le service de trois ans; il est à présumer que la loi de 1905, qui fixe à deux années pour tous les Français sans exception la durée du service dans l'armée active, sera remplacée, après une période beaucoup plus courte, par une réglementation moins draconienne. A coup sûr, en 1920, nos fils ne feront guère qu'une année de service actif, six mois à peine en 1930. Ces temps seront tôt venus. Il faut que, dès maintenant, on prépare les moyens de remplacer la force active qui, en temps de paix, doit garantir la sécurité extérieure et l'ordre intérieur.

L'augmentation progressive de l'armée coloniale, une organisation nouvelle appropriée à son double rôle — couverture de la frontière et défense de nos territoires d'outremer — nous amèneront avec le temps, sans heurts dans les usages et dans les esprits, à la constitution de l'armée de métier qui est appelée, par la force même des choses, à supplanter l'armée nationale du modèle prussien.

Je l'ai dit précédemment, et ce n'est plus un secret pour personne, il nous manquera bientôt cinquante mille hommes sur la frontière de l'Est. En dehors de l'armée coloniale, sur qui compter pour boucher ce trou béant ? Aussi convient-il de grossir promptement les effectifs de cette armée assez pour qu'elle puisse fournir, en outre de ce renfort de cinquante mille hommes, la relève normale des troupes européennes d'Algérie-Tunisie et des colonies, soit un accroissement de vingt-huit à trente mille hommes. Les zouaves, les chasseurs d'Afrique, lui seront incorporés, et leurs unités ne comprendront plus que des soldats de métier, prélevés par roulement sur les corps d'armée coloniaux stationnés en France. Il en sera de même de l'artillerie et des services accessoires. Quant à la légion étrangère, ses effectifs et le nombre de ses unités seront accrus jusqu'à former une division appelée à servir uniquement en Algérie-Tunisie et aux colonies.

Enfin, comme on n'admettra, dans le renfort de cinquante mille fusils nécessaires sur la frontière, que des hommes entièrement disponibles, à l'exclusion des hommes en congé de longue durée, des invalides momentanés, des recrues, il est indispensable que chaque corps de l'armée coloniale soit formé à trois divisions, dont deux à effectifs de guerre. Ces dernières seront stationnées sur les points de concentration qui font face à ceux de l'ennemi et leur sont proches ; l'autre, au contraire, destinée à administrer, à recevoir et à remettre en main les convalescents et les indisponibles de toute nature, ainsi que les hommes venant de la réserve, garnisonnera à quelques heures de chemin de fer en arrière de la première ligne, à Paris, si l'on veut. L'armée coloniale se composera ainsi de deux corps d'armée-frontière à trois divisions, d'un corps d'armée en Algérie-Tunisie ou aux colonies et d'une légion étrangère, soit environ cent cinq à cent dix mille hommes.

Comment recruter un pareil nombre de soldats de métier ? En France, l'esprit militaire s'en va, dit-on. Peut-être, si toutefois il a jamais existé, mais l'esprit guerrier reste. Pour en avoir une preuve, il suffit d'assister à la sortie des classes des moyens et des petits dans les lycées de la rive gauche ou dans les écoles communales. Dès le seuil franchi, dès qu'ils sont rendus à la liberté, tous ces jeunes coqs se hérissent, se menacent, et finalement engagent de belles batailles qui les ramènent auprès de leurs mamans désolées, contusionnés, salis, les vêtements mal en point. Combien de Français accepteraient volontiers la guerre et les aventures qu'elle comporte, qui se refusent à la caserne !

Si la vie monotone de garnison n'était que passagère, si elle était secouée de temps à autre par les émotions de la frontière et du péril imminent, avec la perspective prochaine de courir bientôt le vaste monde, pour, au retour, jouir de longs et tranquilles congés que de vocations ignorées aujourd'hui se découvriraient tout à coup.

Enfin, si l'on habille ces soldats de métier assez élégamment pour qu'ils puissent avoir quelque fierté de leur uniforme, la question de sentiment sera entièrement résolue.

Mais, quand on parle de soldats de métier, on doit envisager avec soin ce que devra être la rémunération de ce métier. Aujourd'hui, un certain bien-être a pénétré jusque dans les plus basses classes ; il ne faut plus songer à recruter des soldats au rabais ; on n'enrégimenterait que la lie de la population. On l'a vu récemment pour l'infanterie coloniale. Un soldat professionnel, tous les avantages de sa situation étant considérés, doit recevoir un salaire au moins égal à celui des ouvriers sans spécialité, manœuvres et tâcherons de toute profession. Il est logé, chauffé, habillé, blanchi, nourri, soigné en cas de maladie; il n'a pas de chômage à craindre; il n'est donc ici question que d'argent de poche. Qui ne sent que les candidats afflueraient devant ces perspectives de service intéressant, alterné d'aventures lointaines et de repos, avec un uniforme flatteur, une solde suffisante, et l'assurance, non d'une retraite qui grèverait lourdement nos finances, mais d'un emploi de l'Etat après quinze ou vingt ans de service.

Au reste, un recrutement annuel relativement faible, suffirait à alimenter les effectifs de l'armée coloniale. J'ai dû, autrefois, avec des documents du ministère de la marine, calculer la moyenne d'années de service qu'on peut espérer de soldats coloniaux dont la limite d'âge serait fixée à quarante ans. J'ai trouvé douze années. Or, je tablais sur des statistiques se rapportant à des hommes beaucoup plus exposés, usés, fatigués, moins bien traités et soignés que ne le sont ceux de l'armée coloniale actuelle. Je puis donc prendre comme suffisamment exact ce chiffre de douze, par lequel le recrutement annuel maximum s'établit à dix mille hommes. On conviendra sans peine qu'à une armée où tous les avantages de sentiment, de métier et de bien-être qui plaisent aux Français sont réunis, il sera facile de trouver chaque année cette poignée de recrues.

La question financière semble moins facile à résoudre. Elle est cependant loin d'être insoluble ; elle peut se contenir dans des limites assez raisonnables pour que les bénéfices de la nouvelle organisation balancent le poids du surcroît de dépenses. Au reste, si l'on additionne les débours du ministère de la guerre afférents à l'armée coloniale et aux troupes blanches d'Algérie-Tunisie, ceux de l'entretien de ces mêmes troupes aux colonies, ceux de la préparation aux opérations de mobilisation et de concentration supprimées par la création des deux corps d'armée frontière tenus en constant état de mobilisation ; si l'on tient compte des économies réalisées par la suppression des caporaux et soldats rengagés dans les corps de ligne, par l'abolition des primes d'engagement et de rengagement, de celles pour ancienneté de service, toutes primes devenues inutiles devant les avantages réguliers assurés aux soldats de métier, on constate que cette nouvelle armée pèserait sur nos budgets beaucoup moins qu'on eût pu l'imaginer.

D'autre part, sa création serait le prélude d'avantages économiques et sociaux considérables, puisqu'elle amènerait, automatiquement en quelque sorte, la suppression du service militaire obligatoire à long terme. De plus, la sécurité qu'elle donnerait sur la frontière de l'Est permettrait de ne plus pressurer les contingents des classes au point d'en tirer même les médiocres pour boucher les trous occasionnés par le renforcement de la couverture. Enfin, grâce à elle, les milliers de sans-travail et de chômeurs, qui sont souvent un danger pour la paix publique et pour l'ordre social, y trouveraient une occupation honorable dans le présent, et une carrière pour l'avenir.

Admettons maintenant que cette armée de professionnels, à rôle très délimité et spécial, soit organisée et fonctionne régulièrement. A la voir ne prendra-t-on pas rapidement l'accoutumance de parler de soldats de métier sans qu'il soit attaché à ce vocable quelque idée de crainte ou de mépris. Dans cette institution, qui ne provoquera plus les épithètes de « vendu » ou de « césarien », chacun verra la base d'une transformation complète des mœurs militaires françaises et de l'abolition du militarisme à la prussienne. On applaudira à l'effort et à la tendance, et l'on aidera à leur faire porter fruit. A qui ne viendra-t-il pas alors à l'esprit qu'en élargissant ce système nouveau, on arrivera aisément, sans accroissement de dépenses, peut-être même avec des économies, à débarrasser la France du joug pesant du service militaire obligatoire à long terme. Et deux années en est un très long si l'on considére qu'il faut à peine trois mois pour fabriquer de toutes pièces un soldat de campagne parfait. On se demandera donc à quoi sert une armée permanente hors le temps de la préparation à la guerre. Il apparaîtra de suite que l'armée du temps de paix a trois grandes tâches à assurer : couvrir la frontière, assurer l'ordre à l'intérieur, fournir les détachements nécessaires aux opérations et à la garde des colonies, et l'on conviendra qu'une armée de métier est particulièrement apte à ces tâches, étant animée d'un esprit militaireplus solide, d'une cohésion plus grande, d'une discipline profondément enracinée par l'accoutumance, d'une habileté technique plus certaine, constamment en état de se porter en quelques heures sans mobilisation sur les points désignés.

Alors, à coup sûr, on en reviendra au principe atavique : « En temps de paix national, est soldat qui veut ; lorsque la patrie est menacée, tout le monde à la frontière. »

C'est à ce moment que les pouvoirs publics, sous peine d'être violentés par l'opinion formelle de la nation, devront, non pas étudier, il serait trop tard, mais effectuer la rénovation militaire qui s'impose: Une armée de métier en première ligne, des armées de milices instruites et aptes à la guerre en seconde ligne. Une si totale modification à ce qui existait jusqu'alors n'est possible que si elle a été préparée de longue main ; il faudra que les bases, les appuis et les soutiens de cette réforme absolue soient prêts. C'est à quoi tend le projet d'élargissement de l'armée coloniale que le colonel X... et moi nous préconisons.

Le colonel X... est un des officiers en vue de l'armée française. Il a occupé pendant de longues années le plus haut poste d'où l'on peut bien voir, dans l'ensemble comme dans le détail, le passé, le présent et l'avenir. Ses idées sur la réformation de l'armée coloniale, comme première étape, de l'armée entière ensuite, ont été notées sur un cahier tiré à plusieurs exemplaires qui ont été remis aux chefs supérieurs de l'armée et aux hommes politiques qui s'occupent particulièrement des choses de l'armée et de la défense nationale. On juge facilement de l'effet qu'a produit dans ces cénacles, que le moindre mouvement effraie, le testament militaire du titulaire des hautes fonctions dont j'ai parlé. L'émotion n'a guère été moindre que celle qu'eût causé une bombe anarchiste trouvée sur le tapis vert des délibérations.

Milices, armée de métier ! Quelle folie prend cet officier pour oser parler de pareilles choses, et surtout pour en écrire ? Et tout de suite était évoqué le spectre de l'armée prétorienne qui change les gouvernements à son gré. Mais, en cette évocation quelque peu puérile, on oublie que les temps ne sont plus où une armée de métier pouvait en faire à sa tête. L'opinion publique a pris de nos jours une telle puissance qu'elle pénètre tout, les armées de métier comme le reste : rien et personne ne saurait lui résister. On néglige aussi ce fait qu'autrefois, dans des temps lointains, il était impossible, en dehors de l'armée permanente, de faire fond sur une force nationale égale ou supérieure à celle-ci. Or est-ce actuellement le cas, alors qu'un ordre télégraphique peut mettre sur pied, en armes, dans les vingt-quatre heures, la France entière ?

Que pourraient les deux ou trois cent mille soldats de métier, en supposant — supposition invraisemblable — qu'ils soient tous unis dans le même but, contre les millions de soldats de milice dont les baïonnettes hérisseraient subitement le territoire ? Et puis, les soldats de carrière ont-ils empêché la grande révolution, celle de 1830, celle de 1848 ? Ne se sont-ils pas, chaque fois, ralliés au peuple. Est-ce eux qui ont élevé sur le pavois le prince Napoléon et qui l'ont nommé président de la République ? Alors, que craint-on ? Pourquoi agiter encore ce fantôme inepte, rénové de l'histoire romaine : césariens, prétoriens ! Les troupes actuelles ne sont-elles pas prétoriennes au regard de la Confédération générale du travail et d'une grande partie, pour ne pas dire de tous les meneurs socialistes ?

Enfin, cette réforme totale ne se fera pas en un jour. Je l'ai dit, je l'ai répété ; il y faudra procéder par étapes au cours desquelles on apportera à l'organisation nouvelle les tempéraments et les règles nécessaires.

Cette réorganisation de nos forces militaires est pour la France, une question vitale. Qui ne sait que l'alliance russe a perdu de sa valeur ? Qui ne sent que l'entente cordiale finira par une conflagration avec l'Allemagne ou par une réconciliation anglo-allemande dont nous ferons les frais dans les deux cas ? Quelle attitude sera alors la nôtre devant l'ennemi héréditaire lorsque nous serons réduits à nos propres forces, et que toutes les perspectives d'entrée de jeu seront contre nous ? Frontière franchie par l'ennemi la veille peut-être de la déclaration de guerre, nos troupes de couverture insuffisantes à le maintenir sur les colines de la Meuse ne fut-ce que le temps nécessaire à la mobilisation des régions voisines, et la guerre reportée bientôt en Champagne et en Franche-Comté. Tel est le spectacle que nous aurions sous les yeux dès la première semaine si notre situation militaire restait ce qu'elle est, ou qu'elle devînt ce qu'on devine, avec un service militaire plus réduit et des contingents de plus en plus faibles.

C'est pourquoi j'adjure tous ceux qui voient plus loin que le jour présent de songer aux désastres que nous vaudra toute intertie dans la solution inéluctable de cette question poignante. N'est-il pas certain qu'obscurément, et sans s'en rendre un compte absolument net, le peuple français aspire à se débarrasser de la servitude militaire à la prussienne telle qu'elle est comprise aujourd'hui ? N'est-il pas hors de discussion que rien ne pourra arrêter l'opinion publique dans sa tendance instinctive et irrésistible à saper cette servitude par le moyen de la réduction du temps de service ? N'est-il pas évident que le suffrage universel imposera à bref délai au législateur de nouvelles réformes dans ce sens ? Pour s'en défendre, pourra-t-on prouver de façon irréfutable que le service actuel de deux ans est indispensable parce qu'il nous garantit pleinement contre la menace allemande ? Comment fera-t-on cette preuve, si, dès maintenant, son insuffisance est en quelque sorte officielle ?

Alors, si toutes ces propositions sont irréfutables, le dilemme suivant se pose : ou changer de méthode, ou s'abandonner à la merci de nos voisins de l'Est.

Changer de méthode ? Mais une seule existe, en dehors de la méthode prussienne : la française, celle d'une armée de métier soutenue et renforcée par les milices nationales. Un changement si radical dans les esprits, dans les mœurs, dans les possibilités et dans les faits est affaire de bien des années ; il n'est point trop tôt pour, dès maintenant, en assurer les bases, si nous voulons que, par évolution progressive, dans dix ans, dans quinze ans, il devienne un fait accompli.

L'armée coloniale, embryon d'armée de métier, forme une base naturelle à cette transformation. En l'élargissant, en la fortifiant, en étendant son rôle, elle peut être et elle doit être notre palladium contre la constante menace qui nous vient de l'Est. Dans des temps relativement proches, elle devra à elle seule assurer complètement la défense offensive de la première heure sur nos frontières continentales et satisfaira aux exigences de la garde et de la défense de nos colonies, ainsi qu'aux besoins de notre politique d'outre-mer.

C'est à ce résultat que tend le projet du colonel X..., qui pourrait s'intituler : « L'armée coloniale, la couverture de l'Est, les soldats de métier. »

J'estime qu'il a fallu à cet officier supérieur, dans la haute situation qu'il occupait à Paris, un rare courage pour mettre ainsi, sous forme de projet d'organisation ferme — projet destiné à être communiqué aux gouvernants, aux parlementaires et aux chefs de l'armée — des idées encore si contraires à celles qui ont « cours légal », oserai-je dire. On sent bien, dans les milieux dirigeants, que les vues que je viens de développer, que le colonel X... a fixées pour le premier plan du moins, sont celles qui s'imposeront bientôt ; mais on veut se les faire imposer. On n'ose pas même avouer qu'on les croit bonnes et vraies. Une sorte de pusillanimité, faite d'appréhensions politiques et électorales diverses, empêche d'en aborder, même officieusement, une étude réfléchie. On interdit même qu'on en parle.

Le colonel X... occupait depuis six ans une des charges les plus considérables d'un de nos ministères ; on se louait grandement des services qu'il y rendait, et on songeait à l'en récompenser en le nommant général.

Dès que paraissent avec son projet les perspectives de complète transformation de l'armée nationale qu'il ouvre, cet homme indispensable et si méritant devient tout à coup insuffisant ; une disposition budgétaire inattendue, véritable croc-en-jambe, le démonte brutalement de son emploi etl'envoie par delà les mers réfléchir aux inconvénients de dire sa pensée toute nue, et de préconiser des réformes nécessaires, mais dont le parlementarisme s'effraye.

Le personnage politique de qui je tiens un exemplaire du projet du colonel X... m'a engagé à lui donner la publicité avertie du Congrès colonial français. Mais, lorsque je lui objectai que, présenté par lui, il en prendrait une valeur plus grande, il s'est dérobé et m'a laissé ce soin, ainsi que celui de dire les tendances et les vues d'avenir qui l'expliquent.

C'est ainsi que, bien qu'insuffisamment qualifié pour cette tâche, j'ai entrepris de jeter dans les esprits ce concept nouveau d'une armée nationale, basé sur des faits constatés ou inéluctables et sur une experience historique irréfutable.

L'armée française ne peut lutter par le nombre avec l'armée allemande ; elle doit ainsi renoncer à lui opposer un organisme calqué sur le sien.

Seule une armée de métier appuyée par des milices nationales peut avantageusement faire front aux masses allemandes et pénétrer la première sur le territoire ennemi en y compromettant les opérations de mobilisation et de concentration.

Cette armée de métier est seule qualifiée pour assurer la garde et la défense de nos colonies et entreprendre des expéditions lointaines.

Elle est, plus que tout autre organisme militaire, apte à être employée au maintien de la paix intérieure.

Enfin, grâce à son existence, les Français ne perdront plus les deux plus précieuses années de leur vie dans la monotonie atrophiante de la caserne que remplaceront des camps d'instruction où, en quelques mois judicieusement employés, on formera facilement d'excellents soldats pour le temps de guerre.

Lorsque ces idées, qui me semblent des axiomes, se seront épanouies et auront pénétré la masse populaire, on s'étonnera en France d'avoir si longtemps et si fâcheusement supporté l'insupportable joug du militarisme prussien. Dans toutes les classes de la société, particulièrement dans le monde du travail intellectuel et manuel, le terrain est préparé pour recevoir et faire germer la semence ; mais il faut des apôtres pour la répandre. Si j'ai réussi à déterminer quelques-uns de mes auditeurs, et aussi de mes auditrices à entreprendre ce rôle ingrat, j'estimerai avoir fait œuvre utile et profitable à la patrie.

L'armée coloniale
La couverture de l'Est
Les soldats de métier

Par le Colonel X...

La loi du 21 mars 1905 n'a pas encore donné tous les résultats qu'en attendaient ses auteurs ; les mécomptes, par certains côtés, ont posé, pour notre organisation militaire, différents problèmes délicats dont la solution est d'autant plus urgente que la situation politique mondiale fait planer sur l'avenir la menace d'éventualités plus redoutables.

On se propose d'examiner ici ceux qui ont trait :

1° A l'armée coloniale ;

2° Aux forces de couverture ;

3° Aux engagés à long terme et aux rengagés, et de montrer qu'ils seraient susceptibles de solutions complètement satisfaisantes, si, au lieu de les envisager séparément, on les soudait l'un à l'autre comme les différentes parties d'un problème plus général, susceptible d'une solution d'ensemble.

Armée coloniale

L'armée coloniale est née d'hier, comme conséquence de notre politique coloniale, des transformations successives des troupes de la marine.

Ces dernières avaient au début, comme rôle principal, la garde des arsenaux de la marine en France et, comme rôle secondaire, aux colonies, la garde des centres d'approvisionnement de nos divisions navales lointaines et de celles de nos colonies peu importantes et peu étendues.

Elles comprenaient, en majeure partie, des corps européens et une proportion infime d'indigènes.

Le service colonial était peu chargé. La relève se faisait par unités. Les cadres prolongeaient pendant de nombreuses années leur séjour dans leurs garnisons coloniales.

L'expansion coloniale, commencée il y a trente ans, devait modifier profondément le caractère des troupes de la marine ; jusque-là confinées dans un rôle effacé, elles firent seules ou prirent part à toutes les expéditions outre-mer ; mais, à mesure que notre domaine colonial s'étendait, elles devenaient insuffisantes pour la tâche, de plus en plus considérable, qui leur incombait, et il devint nécessaire de leur adjoindre, pour la conquête de pays nouveaux, des contingents de plus en plus nombreux de l'armée métropolitaine ; il arriva même un jour où ceux-ci constituèrent la plus grande partie des corps expé-ditionnaires.

Cette situation conduisit à la loi de 1900, qui organisa l'armée coloniale. Curieuse coïncidence : au moment où aboutissait cette organisation, se terminait l'ère des conquêtes : celle de la pacification et de la mise en valeur commençait.

En même temps, à peine l'armée coloniale était-elle créée qu'elle voyait son rôle aux colonies se restreindre chaque. jour davantage, et ses effectifs se réduire en proportions

Est-ce incohérence, comme cela a été dit si souvent ? Non. Cette évolution fut la conséquence de causes assez complexes, mais cependant faciles à démêler dans les événements de ces dernières années.

Tout d'abord, notre diplomatie a eu l'habileté, par des accords récents, de supprimer la plus grande partie des causes de conflits qui menaçaient nos colonies.

D'autre part, le globe est aujourd'hui partagé entre les nations conquérantes qui s'appliquent à faire entrer leurs possessions dans la période de la mise en valeur.

Mais cette réduction de nos forces aux colonies deviendrait réellement une incohérence si elle devait avoir comme répercussion une réduction de l'ensemble de l'armée coloniale, si elle en atteignait la vitalité, le recrutement, si elle venait à fausser un outil dont le pays en maintes circonstances, a si vivement regretté l'absence.

Les préoccupations actuelles de notre diplomatie sont évidemment dirigées ailleurs que vers nos colonies ; mais rien ne permet d'affirmer que, demain, la France ne se trouvera pas aux prises avec des difficultés auxquelles seule sera capable de faire face une force constituée sur le modèle de nos troupes coloniales.

C'est, par exemple, un soulèvement grave dans une de nos possessions ou une expédition outre-mer que la France conduirait seule ou conjointement avec une autre puissance. Il serait de la dernière imprudence de faire abstraction de pareilles éventualités et de ne pas prévoir, dans notre organisation militaire générale, les moyens d'y faire face.

D'autre part, il y aura toujours aux colonies des forces militaires européennes, en plus ou moins grand nombre. Il sera nécessaire d'alimenter ces forces par des éléments tirés de la métropole, ce qui suppose un noyau métropolitain correspondant.

Aujourd'hui, nous avons fait une armée coloniale ; nous avons mis sur pied une organisation militaire indigène ; nous avons établi un système complet de recrutement européen et indigène ; nous avons formé et instruit, en vue de leur rôle particulier, les cadres nécessaires à toute cette organisation ; nous avons fait tout cela à la mesure d'une politique qui n'a plus présentement, il est vrai, les mêmes besoins, qui a, si l'on veut, changé d'axe, mais qui est susceptible de modifications et doit, en conséquence, prévoir les lendemains.

Que doit devenir toute cette organisation militaire coloniale ? Quelles transformations doit-elle subir ? Comment l'utiliser ? Est il possible de l'incorporer dans notre organisation militaire générale ?

Cet ensemble militaire colonial comporte des cadres avec leurs traditions, un recrutement européen spécial, un recrutement indigène, enfin l'organisation de bases d'opérations jugées nécessaires à notre flotte pour lui permettre de remplir le rôle qu'est susceptible de lui tracer notre politique générale.

Le programme relatif à l'organisation de ces bases d'opérations lointaines peut être continué, élargi même : c'est une affaire de crédits.

Le recrutement indigène peut être alimenté avec le seul concours des colonies elles-mêmes ; il peut même être développé plus qu'il ne l'est actuellement.

Mais le recrutement des troupes blanches coloniales est basé sur le service colonial ; c'est la perspective de ce service qui attire la plus grande partie de la clientèle de nos engagés et rengagés coloniaux. Que ce service soit réduit, même dans les proportions où il l'a été en 1907 et en 1908, et le courant des engagements et rengagements va se ralentir, s'arrêter même. Qu'une expédition nous surprenne soudainement, et le pays verra se reproduire des crises analogues à celles qui ont été rappelées plus haut.

Quant aux cadres, les arguments qui ont été mis en avant lors de la discussion de la loi du 7 juillet 1900 et ont déterminé le Parlement à sanctionner l'autonomie de l'armée coloniale subsistent encore, tout en perdant cependant une partie de leur force, au fur et à mesure de la pacification intérieure de nos colonies, du passage progressif des territoires militaires à l'autorité civile, et aussi au fur et à mesure de la formation de bons administrateurs et de la création de traditions dans ce corps de fonctionnaires.

La discussion de cette question, qui met en présence des intérêts particuliers considérables et très intéressants, ne peut être entreprise utilement que lorsque la question de la formation des troupes de relève, constituant en même temps un corps expéditionnaire outre-mer, aura reçu une solution logique.

C'est en effet le point capital de la question. Il est clair que, si nous possédons une force militaire composée de soldats rengagés, dans laquelle nous soyons assurés de pouvoir puiser : 1° en tout temps, la relève nécessaire aux troupes stationnées dans les colonies ; 2° éventuellement, les éléments d'une colonne expéditionnaire outre-mer, le problème sera résolu. Des dispositions spéciales, à étudier, permettront sans doute facilement de former les cadres nécessaires pour l'emploi de ces forces, même en supposant que le système de la fusion pour les cadres ait été jugé le meilleur et ait prévalu.

Voilà comment s'est posé le problème de l'armée coloniale. Voilà pourquoi il constitue véritablement un problème d'intérêt général et non pas seulement, comme on voudrait le faire croire, une simple question d'intérêts particuliers.

Ce problème peut être formulé ainsi :

Il est indispensable à la politique générale de la France coloniale que, dans notre organisation militaire, soit constituée une force militaire importante, recrutée exclusivement en soldats de métier, engagés à long terme ou rengagés, dont le contrat comprenne le service outre-mer.

Cette force militaire aura pour but :

1° D'assurer le service normal outre-mer ;

2° De former éventuellement les éléments de ces corps expéditionnaires outre-mer.

Le recrutement de cette force doit être assuré en tout temps et être assez élastique pour se prêter aisément aux nécessités de notre politique générale.

Couverture de l'Est

La situation politique actuelle, soit qu'elle soit la conséquence du cours naturel des événements, soit qu'elle ait été voulue par notre diplomatie, est parfaitement nette, et tous les Français sentent très bien que les nuages qui assombrissent l'avenir nous viennent de la frontière de l'Est ; l'explosion semble inévitable, et il n'est pas pour nous de plus impérieux devoir à l'heure qu'il est, car c'est peut-être l'existence de la France qui en dépend, que de perfectionner notre organisation militaire, de donner à notre diplomatie l'aide qui lui est indispensable, en faisant sentir à nos voisins les risques et les aléas d'une agression de leur part.

Cette tension coïncide précisément avec notre réorganisation militaire et a provoqué dans le public, dans l'armée même, un état de nervosité qui s'est traduit par des retraites et des démissions retentissantes.

La loi du 21 mars 1905, la réduction des périodes d'instruction des réservistes, que le pays a réclamées, ont dû être acceptées, quelle qu'en puisse être la répercussion sur la force de notre armée ; et c'est une tâche singulièrement lourde, pour les hommes auxquels échoit le redoutable honneur d'organiser nos armées, que de préparer les transformations nécessaires qui en sont la conséquence.

C'est vers notre frontière de l'Est que nous tournons anxieusement nos regards pour y interroger l'avenir. Nous avons de ce côté, pour nous couvrir, des places fortifiées, des forts d'arrêt, avec leurs garnisons, et des troupes pour la guerre en rase campagne.

Actuellement, les règles d'organisation et de recrutement de ces dernières troupes sont celles appliquées aux autres troupes du territoire national ; elles ont, par conséquent, à se mobiliser et à se compléter par des réservistes. N'y a-t-il pas lieu de craindre de les voir aux prises avec l'ennemi avant que ces opérations soient terminées ? Cette éventualité nous menace d'autant plus que les unités allemandes qui leur font face de l'autre côté de la frontière ont, paraît-il, leurs effectifs de mobilisation et sont prêtes à entrer en campagne à la première heure. N'a-t-on pas à craindre, dans ces conditions, les conséquences que pourrait avoir sur la nervosité bien connue du caractère français la brusque nouvelle, succédant à la déclaration de guerre, que le territoire national est envahi et que nos places fortes frontières sont investies ?

Pour nous opposer aux desseins de nos adversaires, pour empêcher la violation du sol national, pour permettre à nos unités voisines de la frontière de se mobiliser, on se demande si nous possédons vraiment une bonne couverture.

Une couverture, au sens strict du mot, doit être constituée par des troupes aussi nombreuses que possible, n'ayant à faire d'opérations préliminaires d'aucune sorte avant d'entrer en campagne ; il y a intérêt à ce que ces troupes soient formées de vieux soldats entraînés et aguerris, capables de s'opposer à la violation de la frontière et de porter, au besoin, une offensive hardie et irrésistible au delà de cette frontière pour jeter le désordre dans la concentration ennemie, nous permettant enfin de sortir, au début de la guerre, du rôle de passivité auquel notre timidité semble nous condamner dans l'état actuel.

Le problème de la couverture dans l'Est se résume donc à une question de recrutement d'engagés à long terme et de rengagés.

D'ailleurs, ce problème s'est toujours posé depuis la guerre de 1870-71. Au début de notre réorganisation militaire, nous sommes allés au plus pressé, et nous avons construit toute une ligne de fortifications destinées à couper les principales routes et à réduire le champ de l'invasion. Mais nous n'avons jamais, au sens strict du mot, constitué de véritables troupes de couverture, opposant offensive à offensive.

Bien plus, à mesure que les réductions successives du temps de service affaiblissaient nos unités voisines de la frontière, le danger se faisait de plus en plus menaçant, et aujourd'hui que la loi de deux ans est en plein exercice, la question est à l'état aigu.

Il est de plus en plus urgent d'avoir dans l'Est des forces de couverture constituées, comme on l'a indiqué plus haut.

Engagés à long terme et rengagés

Notre organisation militaire générale doit donc comprendre, à l'heure qu'il est, des forces coloniales et des forces de couverture. Ces deux forces ne peuvent être constituées qu'avec des soldats de carrière. Et ainsi, ce double problème se ramène en quelque sorte, à un seul : celui du recrutement de soldats de carrière.

Comment obtenir ce recrutement ?

La loi de 1905 est basée en partie sur les engagements à long terme et les rengagements. On avait estimé nécessaire de renforcer nos unités en y incorporant une certaine proportion de vieux soldats. Satisfaction était ainsi donnée aux nombreux partisans du service à long terme.

Deux années ont déjà passé, et on s'est procuré à peine le dixième du nombre qu'on avait escompté et jugé nécessaire.

C'est qu'il y a antinomie absolue entre les deux systèmes de recrutement, entre le caractère du soldat de carrière et celui du citoyen qui vient s'instruire sous les drapeaux, c'est-à-dire remplir le devoir militaire prévu par la loi ; l'un et l'autre sont issus de milieux différents et ont une mentalité particulière.

Le citoyen qui vient accomplir simplement son devoir et s'instruire pendant le temps que la loi de son pays a jugé utile et nécessaire, a son avenir assuré avant d'entrer au service ; sa voie dans la vie est déjà tracée, au terme de ses obligations militaires, et il la reprend simplement au point où il l'a laissée. Si cette voie n'est pas tracée, il possède en lui les éléments voulus pour la déterminer, la volonté et l'énergie pour agir de lui-même et aborder la lutte de la vie.

Le soldat de carrière est, au contraire, l'homme qui arrive au régiment désorienté, qui n'a pas encore fait choix d'une carrière ou dont les goûts ne correspondent pas à celle qu'il a embrassée. Qu'il soit engagé ou appelé, celui-là, après avoir achevé son temps normal de service, reste hésitant sur la voie à suivre, manque de direction, d'initiative, de volonté, de toutes les qualités enfin qui sont nécessaires pour triompher dans la lutte pour l'existence ; dans cet état d'esprit, il rengage et reste à l'abri du drapeau, attendant ainsi l'occasion, les circonstances qui lui permettront peut-être d'aborder la vie dans des conditions favorables, sachant qu'en tout cas, chaque année passée au service augmente une retraite dont il pourra jouir dans la force de l'âge, et le rapproche tout naturellement de la solution qu'il n'a pas su précipiter.

Ces deux conceptions opposées de la vie amènent à penser que c'est se leurrer que d'escompter le mélange, dans un même régiment, côte à côte, du soldat d'instruction et du soldat de métier. Une des conditions premières à réaliser, si on veut avoir des soldats de métier, c'est d'en former des corps distincts. Le soldat que les conditions de l'existence poussent à rester sous les drapeaux demande à vivre dans un milieu qui parle le même langage que lui. « Tu n'as donc pas de pain chez toi, puisque tu es obligé « de rester dans le métier ! » Telle est la phrase qu'il entend sonner à ses oreilles tous les jours. C'est une blessure d'amour-propre intolérable qui n'est pas sans peser sur sa décision.

C'est aussi le départ de la classe en masse qui est pour lui un crève-cœur qu'il faut lui éviter.

Les officiers qui, avant d'entrer dans nos écoles militaires, ont servi dans le rang sous le régime de la loi de recrutement de 1873, y ont recueilli d'intéressantes observations ; ils y ont vu de près les scènes douloureuses qui échappaient à l'attention des officiers et qui se reproduisaient régulièrement lorsque, à chaque départ de la classe, les vieux soldats assistaient à la joie débordante de leurs jeunes camarades reconquérant, comme ils le disaient, leur liberté.

Pour d'autres considérations, le mélange des deux catégories est d'ailleurs plus nuisible qu'utile. Il paraît, en particulier, bien difficile d'imposer à un rengagé, pendant 5, 10, 15 années, sous peine d'étouffer en lui le feu sacré, les séances d'instruction que l'on fait suivre aux recrues. Quiconque a vu le soldat de près ne pourra s'inscrire en faux contre la justesse de cette observation.

Dans ces conditions, il devient nécessaire d'organiser deux régimes différents dans le service régimentaire : l'un pour les jeunes recrues, l'autre pour les rengagés. Il n'est pourtant pas trop de toute l'attention des officiers et de toute l'assiduité des sous-officiers pour, en un temps relativement court, faire de ces recrues des soldats instruits et rompus au service en campagne.

Quel régime, en conséquence, conviendrait à ces rengagés !

Tandis qu'il est nécessaire, pendant le peu de temps qu'ils sont sous les drapeaux, de tenir d'une main ferme les jeunes soldats pour leur inculquer l'esprit de discipline et le sentiment du devoir, on peut tolérer chez un vieux soldat un écart, un moment de lassitude. La discipline sera donc appliquée différemment.

En temps de paix, dans la vie de garnison, par gloriole le vieux troupier entraîne les jeunes et s'entraîne souvent vis-à-vis d'eux : c'est là un inconvénient.

Par contre, en campagne, le vieux soldat est plus débrouillard et peut être un guide pour les jeunes : c'est en partie vrai. Mais être débrouillard est inné chez le Français, et, au bout de quinze jours de campagne, la différence entre un vieux et un jeune, sous ce rapport, sera insignifiante. Au contraire, l'ancien a pris des habitudes spéciales de vivre ; il s'en sépare difficilement et les impose souvent d'une façon brutale. Il n'est pas jusqu'à la manière de combattre, de tenir au feu qui sera différente. Le rendement d'une troupe est en raison directe de son homogénéité ; il convient d'en élaguer tout ce qui est de nature à rompre cette harmonie.

Le principe de l'incorporation exclusive de soldats de métier dans des corps spéciaux apparaît donc comme nécessaire.

Ainsi disparaît l'opinion d'un certain nombre, que l'armée métropolitaine, dans son organisation actuelle, possède tous les éléments nécessaires à la relève coloniale. Disparaît aussi l'opinion de ceux qui prétendent pouvoir, avec des rengagés, renforcer suffisamment nos corps frontières pour en former de véritables troupes de couverture.

Et on est conduit fatalement à cette obligation de constituer, en dehors des corps d'armée ordinaires, des unités composées uniquement de vieux soldats, et destinées, d'une part, à assurer le service colonial, d'autre part à assurer la couverture.

Convient-il d'envisager à part ces deux forces, ou ne peut-on pas les réunir ensemble et faire assumer par une force unique le double rôle colonial et de couverture ?

Non seulement on peut les réunir, mais c'est même une nécessité.

On s'en rendra compte en analysant comment le recrutement de ces troupes doit être établi et quels avantages il y a lieu de consentir pour le garantir.

Dans un pays comme la France, où la richesse est si grande, où la propriété est aussi divisée, qui est aux deux tiers agricole, où le troisième tiers, vivant, soit du commerce, soit de l'industrie, gagne si aisément sa vie, où il n'y a pas, à proprement parler, de misère, et où, par suite, la lutte pour la vie est moins âpre que partout ailleurs ; chez un peuple comme le peuple français, aussi passionné pour la liberté et l'indépendance, le recrutement du soldat de carrière sera particulièrement difficile à obtenir. Aussi, pour favoriser ce recrutement, maintenir le courant une fois établi, il n'est pas de soins, pas d'avantages, si faibles soient-ils, qui doivent être négligés.

Ces avantages doivent être au moins autant d'ordre moral que d'ordre matériel.

Des avantages pécuniaires considérables ont été institués par la loi du 21 mars 1905 : primes d'engagement, primes de rengagement, hautes payes. Les anciens soldats ont droit à des situations dans certaines administrations et voient ainsi leur avenir assuré. La retraite proportionnelle est accordée à partir de quinze ans de service.

Il y a là un ensemble d'avantages appréciables. Ils pourraient avoir peut-être un caractère plus conservatoire et solliciter davantage ceux qui, comme je le rappelais plus haut, arrivent au régiment, ayant essayé vainement une carrière, sont sans but, désorientés, mais n'ont pas renoncé à la lutte, et désirent, au contraire, attendre sous les drapeaux une circonstance favorable, ou y acquérir des moyens financiers qui leur serviront un jour pour se lancer dans la vie.

Peut-être pourrait-on laisser le choix entre le paiement de primes et de hautes payes et le versement, à l'expiration d'un certain nombre d'années de service, 10 par exemple, d'un capital déterminé ou d'une retraite qu'il y aurait sans doute avantage à voir commencer moins tard qu'à 15 ans de service.

Il faudrait instituer des avantages qui puissent atteindre et satisfaire librement tous les genres d'intérêts ; les officiers devraient se borner à exposer à leurs subordonnés les particularités spéciales à chacun de ces avantages, mais éviter avec soin d'influer sur leur choix.

Les différents avantages pécuniaires institués par la loi de 1905 ont été impuissants à créer un courant de rengagement dans les troupes métropolitaines. Cela tient en partie à ce que le soldat de métier demande à vivre dans son milieu propre, et c'est, à mon sens, en grande partie le motif qui attire dans les troupes coloniales, composées uniquement de soldats de métier, les engagés à long terme et les rengagés.

Mais il existe un second motif et qui sollicite une très forte partie de la clientèle des troupes coloniales : c'est le service proprement dit dans les colonies, forcément plus large, moins assujettissant qu'en France ; c'est le changement d'air ; c'est l'idée de voir du pays ; c'est l'esprit d'aventure ; c'est l'auréole qui entoure le troupier « qui a vu du pays, qui est allé aux colonies », lorsqu'il retourne dans son village à la fin de son congé ou qu'il y va en permission. Ce sont les récits amplifiés de ses voyages, les histoires invraisemblables de nègres, qu'il invente souvent, racontées par le colonial au village, qui attirent vers le régiment, vers la même vie, les trois, quatre ou cinq camarades en quête d'une situation. Et ils y sont attirés d'autant plus que le service au régiment est plus gai, plus doux, plus approprié aux goûts du troupier ; que les chefs sont plus paternels, plus camarades, dirai-je, avec le troupier.

Il y a lieu d'ajouter à cela les avantages pécuniaires et de la retraite (campagne de guerre) attachés au service colonial.

Ces dernières considérations, capitales, à mon point de vue, amènent des conclusions. Si le service outre-mer est un des attraits les plus sensibles pour le soldat de métier, et par conséquent un adjuvant considérable de recrutement, de là découle la nécessité de réunir en un même bloc les forces de couverture et les forces coloniales.

Cette perspective, laissée au soldat à long terme, de pouvoir, à un moment donné, rompre la monotonie du service dans la métropole par un voyage, par une campagne lointaine, par un séjour dans un pays inconnu, est en outre un moyen efficace de discipline, soit qu'on s'en serve comme d'une récompense, soit qu'on s'en serve comme un dérivatif nécessaire à la nostalgie qui peut, à un moment, atteindre les meilleurs sujets.

Il sera bon d'ailleurs, et dans le même but, d'user largement dans ces corps spéciaux des permissions et des congés.

Il y aurait intérêt à atteindre le chiffre minimum de 70.000 rengagés au lieu des 40 et 50.000 qu'on avait escomptés avec la loi de 2 ans.

Or, l'armée coloniale en possède déjà 25.000 environ en France; nul doute qu'avec cet appoint, on ne puisse atteindre le chiffre indiqué, si nous faisons tout le nécessaire pour attirer le soldat de métier.

Puisque nous comptons sur l'attrait du service colonial pour solliciter le recrutement, n'y a-t-il pas lieu de craindre que la disproportion entre les effectifs entretenus aux colonies et les effectifs entretenus en France ne conduise à une durée de service outre-mer insuffisante pour attirer la clientèle à laquelle nous nous adressons ?

Il serait indispensable d'ajouter, comme appoint à ce service outre-mer, le service dans l'Afrique du Nord, en constituant avec de vieux soldats la totalité des troupes européennes de l'Algérie, de la Tunisie et du Maroc (la légion et l'infanterie coloniale remplaçant les zouaves, qui seraient rendus au contingent métropolitain).

Cette idée n'est pas nouvelle. Mais elle a été émise dans un tout autre but que celui envisagé ici, et qui se résume comme suit :

Avant tout autre intérêt, il y a celui de créer dans l'Est une force aussi nombreuse que possible, constituée exclusivement avec des soldats engagés à long terme ou rengagés et ayant le rôle mentionné plus haut.

Il est de toute première nécessité d'alimenter le recrutement de cette force par tous les moyens possibles.

Nous sommes en face de deux obligations militaires : sécurité de nos colonies ; sécurité de notre Afrique du Nord, et qui réclament l'emploi de forces spéciales.

Il faut utiliser exclusivement ce service outre-mer pour favoriser le recrutement de nos forces de couverture.

Nous aurons ainsi outre-mer 20 à 25.000 hommes. Cela sera suffisant pour satisfaire aux vues ou désirs des hommes qui accepteront le service à long terme avec les conditions de voyages et de séjours possibles outre-mer.

Il convient d'ailleurs de remarquer que les effectifs des unités de couverture ne seraient pas sérieusement affectés par les nécessités de la relève, parce que la division d'Algérie servant de réservoir régulateur, il serait facile de régler les fluctuations dans les unités de couverture, de façon à ne pas nuire à la bonne marche de l'instruction et à la solidité des troupes. Et tout cas, il ne se produirait jamais d'à-coup aussi brusque que celui qui se produit chaque année au départ de la classe et qui réduit, pendant six mois au moins, les unités de toutes armes, aussi bien celles de la couverture que les autres, à de véritables squelettes.

Mais, à côté de ces soldats en quête d'aventures, de mouvement, de voyages, il y a une autre clientèle que nos institutions actuelles n'ont pas encore touchée : c'est celle de ces hommes, et ils sont nombreux, qui ne désirent pas aller aux colonies, parce qu'ils sont plus craintifs ou que leurs parents s'y opposent, qui, au contraire, voudraient rester en France près de leurs parents, avec la possibilité d'aller passer auprès d'eux quelques mois par an, qui cherchent dans le séjour au régiment une position d'attente honorable, où ils amassent pour l'avenir, où ils cessent d'être à charge aux leurs.

Ils sont nombreux. Ils ne sont pas restés dans les troupes métropolitaines pour n'être pas bafoués dans la chambrée ; ils ne sont pas allés dans les troupes coloniales parce qu'ils ne veulent pas aller aux coloniee. Ils viendraient dans nos troupes de couverture, surtout s'ils sont sûrs d'y trouver un milieu paternel et de camarades, une vie active, mais non assujettissante dans ses détails, une vie de campagne plutôt que de garnison.

Et ces troupes ne seront réellement des troupes de couverture, elles ne se prépareront réellement à leur rôle que si le service y est ainsi compris.

Il faut, pour que le recrutement s'y alimente dans cette partie de clientèle dont je viens de parler, que le soldat, en permission dans son village, y exalte le bien-être dans son régiment, la vie mouvementée qu'on y mène, le service varié auquel on y est astreint. Il faut qu'à la fin de son temps, il rentre au village avec des économies lui permettant de s'établir ou avec une retraite assurant son existence : son exemple suscitera les engagements.

Enfin, ces forces de couverture pourront peut être, une fois constituées, devenir une pépinière de sous-officiers pour aider au recrutement des cadres des régiments métropolitains, dans la mesure qui sera rendue nécessaire par les difficultés nées, pour ce recrutement, du service de deux ans, difficultés qui s'augmenteront vraisemblablement encore dans l'avenir, du fait de l'adoption probable d'un service à durée encore plus courte.

Il apparaîtra, en effet, à tous les gens de métier, que le milieu dont il s'agit sera exceptionnellement propice à la formation de cadres remarquables ; les hommes y mèneront exclusivement la vie de campagne et de préparation à la guerre ; leur esprit s'ouvrira tout naturellement à la grandeur de leur mission future, car nulle région, mieux que celle de l'Est, n'est faite, par suite du voisinage de l'ennemi, pour élever l'âme du soldat et lui inculquer l'esprit du sacrifice.

Tels sont les principaux moyens de recrutement, les avantages à consentir pour les développer. Il en est encore beaucoup d'autres ; on n'a indiqué que ceux qui venaient renforcer la thèse de cette étude.

Nul doute qu'ils soient efficaces et qu'ils nous donnent le nombre et la qualité.

Si l'on reconnaît indispensable de renforcer la couverture sur la frontière par des troupes spéciales, recrutées uniquement en soldats de métier, organisées comme nous l'avons esquissé, prêtes constamment à entrer en campagne et à prendre l'offensive, il est nécessaire, pour en assurer le recrutement d'y souder le service colonial, de le doubler du service en Algérie, et de constituer avec elles la pépinière et l'école de formation des sous-officiers de l'armée.

L'armée coloniale, avec ses 20 à 25.000 hommes, peut dès maintenant former le noyau de ces formations d'élite. Il y aura lieu, évidemment, de prendre des mesures spéciales, de consentir des avantages particuliers pour attirer la clientèle supplémentaire qui a échappé jusqu'à présent aux troupes coloniales et pour entretenir le courant des engagements destinés à tenir complètes ces formations : nous n'insisterons pas sur ces mesures de détail qui ne rentrent pas dans le cadre de cette étude.

Comment constituer les cadres officiers de ces troupes

Dans tout ce qui précède, le problème n'a été traité qu'au point de vue général, où on a tenu à n'indiquer que le principe d'organisation. On a laissé intentionnellement de côté ce qui concerne la constitution des cadres officiers de tout cet ensemble. Il y a ici, en effet, des intérêts particuliers en présence où il est assez difficile de reconnaître la voix de la vérité.

Ce que l'on peut dire, c'est qu'il ne faudra faire appel, notamment pour les groupes de couverture, qu'à des officiers d'élite de tout premier choix, habitués à manier le troupier de carrière, de tempérament actif, entreprenant, hardi, aventureux, préférant la vie des camps à la vie de garnison.

Nous possédons, dans nos troupes coloniales, dans nos troupes d'Afrique, dans nos chasseurs de montagne et dans toute l'armée en général, plus d'officiers qu'il n'en sera nécessaire et réunissant, et au delà, toutes ces qualités.

Nul doute que les troupes coloniales, formant déjà par leurs hommes de troupe le noyau de ce nouvel ensemble de forces, ne fournissent également la meilleure partie des cadres officiers.

Conclusions

Les considérations développées précédemment acquerront plus de force quand la durée légale du service aura diminué encore davantage, ainsi qu'il est sage de le prévoir. Avec le service de dix-huit mois ou d'un an, notre couverture, déjà bien inconsistante avec le service de deux ans, n'existera plus, si on ne lui a pas préparé à l'avance une ossature puissante qui, dans l'état de notre pays et de notre armée, ne paraît pas pouvoir l'être par d'autres voies et moyens que ceux esquissés dans la présente note. Cette organisation ne peut s'improviser. Elle est soudée à un recrutement de soldats de carrière. Or, un pareil recrutement est le résultat d'un courant à créer : ce sera un travail de longue haleine. Il est temps, dès maintenant, de le préparer.

Il sera, à notre avis, considérablement facilité si on le base sur l'ensemble des idées suivantes :

1° Il est nécessaire de conserver, dans notre organisation militaire générale, des forces composées de soldats engagés à long terme et rengagés pour faire face à la politique coloniale de la France ;

2° La couverture de la frontière de l'Est, telle qu'elle est constituée à présent, est insuffisante. Il est nécessaire de la compléter par des forces offensives aussi nombreuses que possible, formées de soldats aguerris, engagés à long terme et rengagés, forces tenues constamment prêtes à entrer en campagne incontinent.

3° Ces deux forces doivent être réunies, car elles se complètent mutuellement au point de vue du recrutement.

4° Il est nécessaire de remplacer en Algérie-Tunisie les corps d'appelés par des corps de soldats de carrière afin de favoriser le recrutement et aussi pour former éventuellement le noyau d'un corps expéditionnaire sans dégarnir la frontière de l'Est ;

5° Les avantages à consentir aux engagés et rengagés devront être revisés, afin de permettre de frapper à toutes les portes, solliciter les intérêts multiples et favoriser le recrutement des soldats de carrière.

Mesures d'application

Si ces idées étaient acceptées, elles pourraient être incorporées dans la nouvelle loi des cadres, d'une part, et faire, d'autre part, l'objet d'additions à la loi du 21 mars 1905, en ce qui concerne les avantages aux engagés et rengagés, ou d'un décret, si cela était reconnu suffisant.

En même temps, le transfert dans l'Est des divisions coloniales actuelles pourrait être mis de suite à l'étude.

CAEN. — IMP. CH. VALIN, 13, RUE ÉCUYÈRE.

www.ingramcontent.com/pod-product-compliance
Lightning Source LLC
Chambersburg PA
CBHW051747050726

47598CB00003B/1370